Traduction de la langue X̲aad Kíl/Haida : Emily Edenshaw
Traduction française : Pao-Lan Ladouceur

ISBN: 9781778540752
Imprimé en RPC
Publié au Canada par Medicine Wheel Publishing
www.medicinewheelpublishing.com

Medicine Wheel Publishing reconnaît que son personnel vit et travaille sur le territoire traditionnel non cédé du peuple Salish de la Côte, notamment les peuples T'Sou-ke, W̲SÁNEĆ, Sc'ianew, et ləkʷəŋən (Lekwungen).

Financé par le gouvernement du Canada

Funded by the Government of Canada

JE SUIS LIÉE

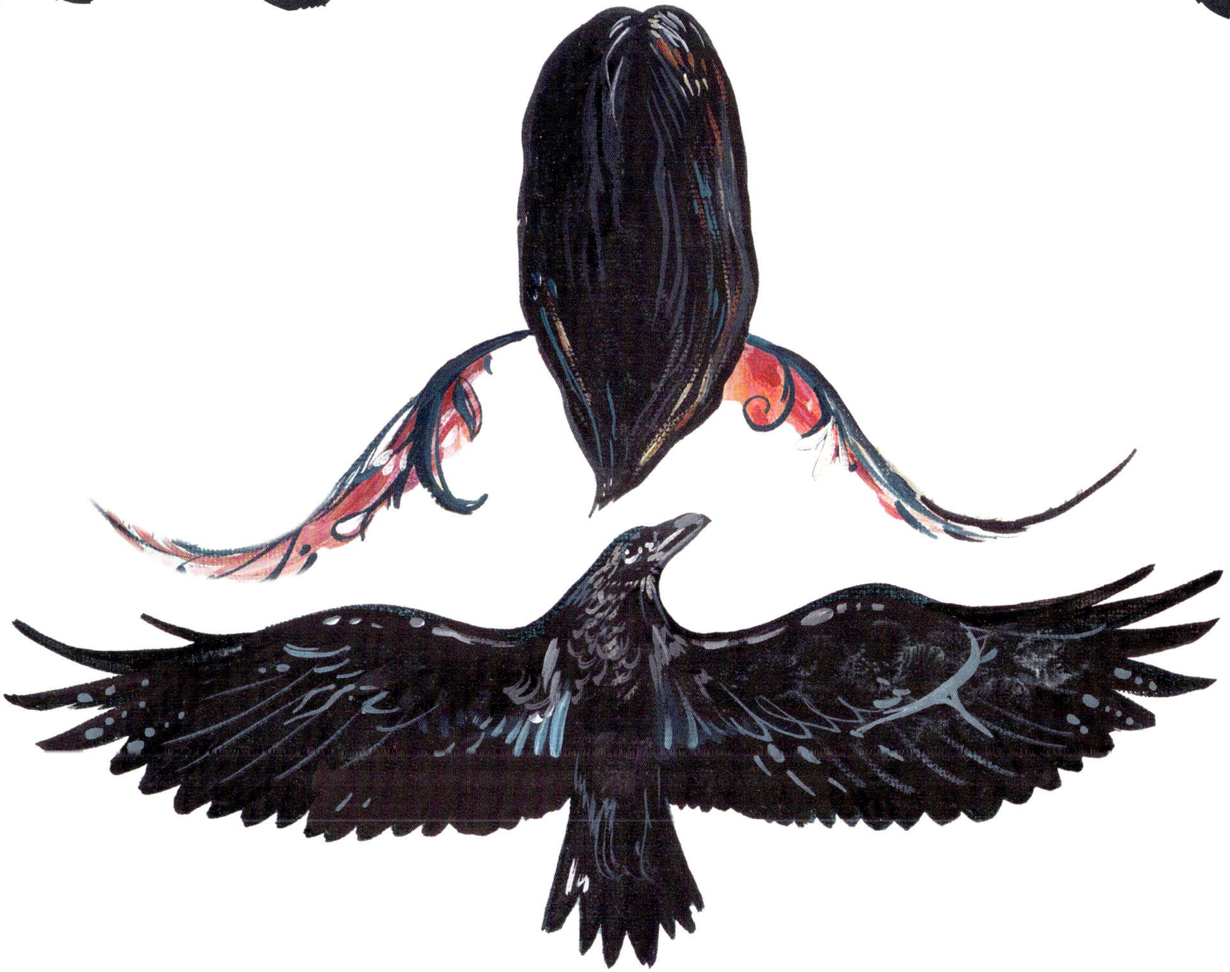

KUNG JAADEE ET CARLA JOSEPH

Je suis **liée.**

Je suis liée à **moi-même**. Je m'aime. Chaque jour, je me répète « J'aime qui je suis », le matin en me réveillant et le soir avant de m'endormir.

Quand je ne me sens pas bien, je **me fais un gros câlin** tout en me rappelant les dizaines de milliers d'ancêtres qui m'aiment, peu importe ce qui pourrait m'arriver.
Qui aimes-tu?

Je suis liée à mes **ancêtres**. Je leur prépare souvent une assiette spirituelle. Elle contient des morceaux de chaque plat que je cuisine et je place cette assiette à côté de la mienne.

Je remercie mes ancêtres de veiller sur moi avant de commencer à manger mon repas. Toi aussi, tu peux faire une assiette spirituelle pour tes ancêtres si tu veux. **Que contiendrait-elle?**

Je suis liée à la **terre**. Je me tiens debout sur le sol, pieds nus, et je sens l'énergie qui remonte le long de mes pieds jusqu'au reste de mon corps. Je prends une grande inspiration et je sens l'odeur du cèdre, du chèvrefeuille, des épinettes et de la pruche.

Je sens la mousse épaisse sous mes pieds et j'aperçois de belles fougères qui poussent à côté du buisson d'airelles. Je suis reconnaissante.
Qu'est-ce qui te remplit de gratitude?

Je suis liée à **l'eau**. J'ai grandi sur l'océan, car mon père était pêcheur. J'ai besoin d'en être près tous les jours afin de pouvoir marcher sur la plage et patauger à ma guise.

Parfois, je passe de longs moments à bâtir un château de sable près de l'eau avant de regarder les vagues l'emporter. Ça ne me dérange pas, car je pourrai en construire un autre demain. **Qu'aimes-tu bâtir?**

Je suis liée aux **arbres**. D'aussi loin que je me souvienne, j'ai toujours eu besoin de grimper aux arbres.

Je grimpe jusqu'au sommet de mon arbre préféré et de là, j'observe le monde. Je me sens forte.
Que fais-tu qui te donne de la force?

Je suis liée aux **corbeaux**. Ma mère m'a appris que nous appartenons au clan du Corbeau, car ma Náanii (grand-mère) est un Corbeau.

Mon père appartient au clan de l'Aigle, car sa mère est un Aigle. Lorsque je vais me promener, un corbeau vole au-dessus de moi et m'appelle. Je lui réponds. **As-tu déjà essayé de parler aux oiseaux?**

Je suis liée à notre **volcan endormi, Taaw Sdalee** (taw sdah-lay), aussi appelé Tow Hill. Je l'arpente depuis que je suis toute petite, ce qui était bien avant qu'il existe une piste pour guider les gens jusqu'à son sommet.

Lorsqu'il fait beau, on peut voir
les montagnes de l'Alaska.
Quel est l'endroit où tu préfères marcher?
Que remarques-tu pendant tes randonnées?

Je suis liée à **Haida Gwaii**, la terre du peuple. Mes grands-parents et moi avons vu le jour et grandi ici. Mes ancêtres ont aussi vu le jour et grandi ici.

Ma mère a emménagé ici lorsqu'elle avait presque atteint l'âge adulte. Haida Gwaii, Dáng díi kuyáadaang. Je t'aime, Haida Gwaii. **Où as-tu vu le jour?**

Je suis liée à ma **petite-fille**.
Je lui chante des berceuses dans notre langue; je lui parle en X̲aad Kíl (langue des Haïdas).

Je lui dis « Dáng án guudangaagang. Tu es si mignonne! » Et « Dáng án dagwíiaagang. Tu es si forte! » Ou encore « Dáng án k'adangáagang. Tu es si intelligente! » Je suis reconnaissante d'être une Náanii (une grand-mère).
Nous sommes liées.

Les ancêtres, la Terre Mère,
les arbres, les animaux,
les gens, toi et moi...

Ensemble, nous partageons un **lien**.

Crédit photo : Kim Thé

Autrice

K̲ung Jaadee (Roberta Kennedy) est une conteuse autochtone professionnelle, une éducatrice (B.A. et B.Ed.) et une autrice qui raconte depuis plus de 30 ans, partout au Canada. Elle appartient aux nations X̱aayda (Haïda), xʷməθkʷəy̓əm (Musqueam), Sḵwx̱wú7mesh (Squamish), Tlingit et səlilwətaɬ (Tsleil-Waututh), en plus d'être aussi en partie de descendance hawaïenne. Elle est née et a grandi à Haida Gwaii et appartient au clan du Corbeau Yaguu'laanaas. Elle habite présentement avec sa famille à Vancouver-Est, sur les terres traditionnelles non cédées des nations xʷməθkʷəy̓əm, Sḵwx̱wú7mesh et səlilwətaɬ.

Son nom haïda, K̲ung Jaadee, lui a été donné lors du banquet commémoratif de son grand-oncle, par sa cousine Crystal Robinson. Celui-ci signifie « Femme de la lune ». Sa tante, Leialoha, lui a donné le nom Hi'ilawe, comme la plus célèbre chute d'Hawaï, qui est située sur la plus grande île.

Au cours des trois dernières décennies, K̲ung Jaadee a raconté les légendes traditionnelles haïdas, parsemées d'anecdotes personnelles marquantes sur la façon dont son clan a survécu à l'épidémie de variole, ainsi que parlé de l'histoire et de la culture de son peuple. Elle est aussi l'autrice de deux populaires livres pour enfants, « Le festin du corbeau » et « Les cadeaux du corbeau » (choisis comme des livres locaux de la C.-B. à lire), ainsi que les manuels scolaires « Haida Nation: Indigenous Communities in Canada » et « Haida Gwaii: We Are Home ». Ses histoires ont aussi été publiées dans plusieurs recueils, revues et ouvrages en ligne. Récemment, K̲ung Jaadee est aussi devenue la conteuse autochtone en résidence de la bibliothèque publique de Vancouver.

Illustratrice

Carla Joseph est une artiste métisse et crie née à Prince George, en Colombie-Britannique. Elle est devenue une artiste en résidence du Conseil des arts communautaires de Prince George en 2016. L'illustratrice a remporté les éditions 2016 et 2018 de la compétition Art Battle, grâce à son style unique qui en a touché plusieurs. Carla aime les émotions que son art suscite chez les gens, ce qui l'encourage à poursuivre sa carrière. De plus, elle aime se donner le défi de participer à différents projets qui ont une visibilité dans sa communauté. Carla a illustré au moins cinq magnifiques livres pour enfants, notamment « Laisse un bel héritage ». Elle habite présentement dans le Lower Mainland.

K̲ung Jaadee est une conteuse professionnelle, une éducatrice et une autrice comptant plus de trois décennies d'expérience. Elle a pu transmettre des légendes traditionnelles et des anecdotes personnelles dans des centaines de festivals, d'écoles et de fêtes autochtones, partout au Canada. Selon K̲ung Jaadee, « le conte l'a choisi » et elle adore faire profiter de son don à toutes les personnes de l'Île de la Tortue, peu importe leur âge.

Les contes et présentations de K̲ung Jaadee's comprennent :

* des contes Haïdas
* des contes Squamish
* un atelier de réconciliACTION
* une conférence portant sur l'histoire du peuple Haïda, ses contes et ses chants
* des programmes virtuels de contes Haïdas et Squamish

Vous pouvez réserver une visite de K̲ung Jaadee, sur le site Web : pebblestarartists.com/kung-jaadee

Suivez K̲ung Jaadee sur les médias sociaux :
Storyteller K̲ung Jaadee
@kungjaadee